ENTRÉE A JÉRUSALEM.

LE PASSÉ ET L'AVENIR DE JÉRUSALEM

I

On ne sait rien d'exact sur la naissance de la ville de Jérusalem. Quelques exégètes y placent, mais timidement, le berceau de ce royaume de Salem que saint Paul, dans son épître écrite d'Italie aux Hébreux, appelle le royaume de la paix, et dont le roi, au temps d'Abraham, était ce Melchisédec « sans père, sans mère et sans généalogie », à qui le patriarche, vainqueur de Kédor-Lahomar et de ses alliés, remit, pour honorer en lui le sacrificateur, la riche dîme du butin. Les Écritures n'en font guère d'autre mention jusqu'au seizième siècle avant Jésus-Christ. Alors, les Israélites, en pénétrant dans la terre de Chanaan sous la conduite de Josué, trouvèrent les Jébusites établis dans ce pays défendu par la forteresse bâtie sur la montagne de Sion. La conquête n'en fut, toutefois, achevée que sous David, qui y transporta sa résidence en quittant Hébron pour Jérusalem. Son fils Salomon érigea le temple sur la colline de Moria, à l'est de Sion, là où s'étalait la vallée de Tyropœon, qu'habitaient les fromagers. La cité de David devint ainsi la cité de Dieu. Embellie, fortifiée par les rois de Judée, Hosias, Jotham, Ézéchias, Manassé, elle ne put résister au torrent babylonien, qui la renversa de fond en comble.

La neuvième année du règne de Sédécias (an 588 avant notre ère), le roi de Babylone vint, comme dit le *Livre des Rois*, assiéger Jérusalem, et bâtir des forts tout autour. Ce siège dura deux ans. La ville ne capitula point et les habitants subirent toutes les horreurs de la famine. A la fin une brèche fut faite par les assiégeants, qui se jetèrent dans la place. Sédécias vit égorger ses fils en sa présence, ensuite on lui creva les yeux, chargé de chaînes, il fut conduit à Babylone où on le fit périr. Quant au peuple de Jérusalem il s'en alla chercher un refuge en Egypte, tous, depuis le plus petit jusqu'au plus grand, s'associant à cet exode.

L'exil dura un peu plus d'un demi-siècle. Les proscrits, à leur retour, rebâtirent, sous Esdras, la ville telle qu'elle avait existé autrefois avec sa double enceinte de murailles, ses tours et ses douze portes.

Conquise en 320 avant Jésus-Christ par les rois d'Égypte (Ptolémée Lagos), puis en 101 par les Syriens (Antiochus Épiphane), Jérusalem subit de nouvelles vicissitudes et de nouvelles transformations. Une nouvelle forteresse fut construite sous le nom d'*Acra*, qui s'étendit bientôt à toute la partie nord de la ville. Les Macchabées, qui soulevèrent la Judée à cette époque, élevèrent au nord-ouest du temple, sur le mont Moria, un autre ouvrage de défense, qui fut appelé d'abord Baris et plus tard Antonia, en l'honneur d'Antoine. Vers le même temps, du nord à l'ouest de la cité de Dieu, sur le plateau entre la vallée du Cédron (Josaphat) et la vallée de Gihon, se bâtit la nouvelle ville Bethséda (aussi grande que la Jérusalem de Salomon) et qui fut entourée, en 45 après Jésus-Christ, par Hérode Agrippa, d'une troisième muraille.

II

Ce fut une période de splendeur, et Pline en rend témoignage lorsqu'il appelle la ville « belle entre toutes dans l'Orient » (*longe clarissimam urbium Orientis, non Judeæ modo*). Cependant, cette prospérité lui fut fatale. Les Césars, Claude le premier, croyant s'attacher les Juifs, leur donnèrent facilement le droit de cité. Cette faveur excita contre le peuple de Judée l'animosité de celui de Rome. Des ferments de discorde se développèrent parmi les différentes races établies dans Jérusalem. Les Grecs haïssaient les descendants de la tribu de Juda, et les Romains ne leur étaient pas moins hostiles. Il se forma, vers 66 après Jésus-Christ, un parti de Zélotes qui fomenta la rébellion intransigeante contre la métropole. L'insurrection éclata ouvertement. Pour l'écraser, l'empereur Titus, bienfaiteur du genre humain, comme l'appellent les contemporains, ordonna la destruction du temple, le massacre de la population, et l'expatriation en masse des Juifs, qui, nombreux alors en Perse, en Arabie, en Asie-Mineure, en Égypte, en Cyrénaïque, en Grèce, à Rome, furent dispersés sur tous les points du globe pour ne plus représenter, en quelque sorte, qu'une poussière balayée et emportée aux quatre vents. Tout ce qui avait coûté des siècles de travaux disparut en cette expiation de l'esprit d'indépendance : les édifices, les ponts reliant le temple à la ville haute, les palais de marbre, les jardins, les villas, les digues, jusqu'aux cimetières.

Ce que Titus épargna fut sapé par Hadrianus, qui, voulant effacer de la mémoire de la postérité le nom même de Jérusalem, jeta sur son emplacement les fondements d'une nouvelle ville, Ælia Capitolina, dominée par un temple de Jupiter, où il était interdit aux Juifs d'entrer sous peine de mort. Les protestations, les tentatives de résistance, les espérances de secouer le joug romain furent étouffées dans le sang tour à tour à Cyrène, en Chypre, en Mésopotamie, en Palestine. La Judée devint un désert. Quiconque était suspect de sympathie pour elle fut livré au supplice. Les édits les plus sévères menacèrent les Juifs et le judaïsme. Cette période d'extermination n'offrit qu'un moment de relâche vers la fin du deuxième siècle, sous Antonin le Pieux, mais les persécutions recommencèrent à l'avènement de Constantin le Grand, lorsque, au quatrième siècle (330), cet empereur et l'impératrice Hélène donnèrent tout leur appui au christianisme.

Julien, qui conçut l'idée de rebâtir le temple, fut détourné de son projet par l'apparition d'un feu vengeur sortant, s'il faut en croire la légende, des entrailles de la terre. Jérusalem resta depuis lors sous la domination des souverains de Byzance, jusqu'à ce que le roi de Perse Chosroès II s'en rendît maître, en 614. Rendue en 628 à l'empereur Héraclius, la ville fut reprise en 637 par le calife Omar, qui dut l'abandonner aux Arabes, et ceux-ci ne purent la mettre à l'abri de la conquête turcomane.

Les Turcomans inaugurèrent un régime de paix apparente. Ils permirent l'accès des Lieux-Saints, mais en exigeant des pèlerins de fortes redevances, et en accablant d'exactions et de tyrannie les Juifs restés dans le pays. L'Islam fut toutefois, en général, assez bienveillant pour la religion mosaïque, pendant que les chrétiens étaient traités avec cruauté. Sauf quelques massacres dont ils furent victimes en Mauritanie (790) et en Égypte (1010), les Juifs ne furent presque pas inquiétés sous les Califes et sous les princes Arabes. Ils purent, dès le huitième siècle, s'établir avec sécurité dans la partie de l'Espagne au pouvoir des Maures, où leur nombre s'augmenta et où ils purent se livrer au commerce et aux études. Au IXe siècle, leurs groupements étaient importants à Kairouan, à Fez, en Palestine même et dans les khanats mongols.

III

Jérusalem n'en fut pas moins en péril autant que pendant les siècles terribles de la domination romaine. Les croisades qui devaient délivrer les Lieux-Saints de l'occupation des infidèles n'aboutirent qu'à des résultats funestes autant pour les Juifs que pour les chrétiens, car l'Islam attaqué ne fit grâce ni aux uns ni aux autres, confondant dans une même haine tous ceux qui n'étaient pas avec Allah et son prophète.

On connaît ces expéditions dont le succès, quelque temps illusoire, fut suivi des plus irréparables désastres. Lorsque, le 19 juillet 1099, Godefroy de Bouillon planta l'étendard du Christ sur la montagne de Sion et s'agenouilla devant le Saint-Sépulcre, il y eut dans toute la chrétienté un magnifique *Sursum* des cœurs. Le premier roi chrétien de Jérusalem semblait avoir porté le coup de mort à l'Islam. Étendant son sceptre sur les anciennes provinces israélites, Judée, Galilée, Samarie, il ouvrait les voies aux conquêtes prochaines. La Palestine refleurissait, et le champ où paraissaient lever de riches moissons s'agrandissait successivement. Baudouin Ier, qui continua l'œuvre brillante de son frère; Baudouin II. dont les Templiers et les chevaliers de Saint-Jean furent les héroïques soutiens ; Foulques d'Anjou, qui sut tenir tête à ses vassaux impatients d'autonomie; Baudouin III, qui trouva dans son beau-père, Manuel Comnène, empereur de Constantinople, un puissant allié, continuèrent durant le douzième siècle le rêve de gloire de Jérusalem. Toutefois, le siècle ne touchait pas encore à sa fin lorsque, sous Amalric Ier, s'annonça le déclin de cette grandeur si brève. Guy de Lusignan, qui ne put résister au sultan Saladin, ne fit que précipiter la chute du royaume chrétien d'Orient, et l'échange de sa couronne contre celle de Chypre ne changea point la situation. Richard Cœur-de-Lion, bénéficiaire de ce marché, crut relever Jérusalem, réduite au seul territoire de Tyr, en donnant ce trône sans soutien à Henri de Champagne, qui avait épousé en quatrièmes noces la fille d'Amalric Ier. Cette combinaison ne fut au vrai que chimérique : ni le donataire, ni ses successeurs, Amalric II et Jean de Brienne, ne parvinrent à recouvrer la puissance perdue. Iolanthe, fille de Jean de Brienne, apporta en dot à l'empereur Frédéric II la couronne fictive de Jérusalem, non sans revendication et opposition de la dynastie cypriote. La quatrième croisade donna pour quinze ans (de 1229 à 1244) Jérusalem aux chrétiens, puis ils perdirent sans espoir les Lieux-Saints, qui furent repris par les Sarrasins. En 1292, ceux-ci s'emparèrent de Ptolémaïs, la dernière place défendue par les Européens.

Ce n'était pas la fin, cependant, des calamités réservées à la cité de Dieu. Les empereurs d'Allemagne, depuis Frédéric II, les ducs de Lorraine, se fondant sur de prétendus droits héréditaires, les rois de Sardaigne, réclamant au nom de Lusignan, l'empereur d'Autriche, représentant actuel de la maison de Lorraine, ont tour à tour fait valoir leurs titres à la couronne de Jérusalem. L'Islam n'a, comme on devait s'y attendre, tenu aucun compte de ces prétentions, et c'est entre les divers sectateurs de Mahomet que le litige s'est poursuivi réellement. En 1382, les Mamelouks de Circassie enlevèrent la Terre-Sainte aux Sarrasins. En 1517, le sultan de Turquie, Selim Ier, la conquiert, et son fils Soliman II protège la ville en 1534 par la construction d'une enceinte murée. La Porte conserva ce bien jusqu'en 1833, époque de la rébellion victorieuse de Méhémet-Ali, vice-roi d'Égypte, qui annexe à celle-ci, proclamée indépendante, la Syrie et Jérusalem. Cette dernière est restituée avec les Lieux-Saints au Sultan, en 1840, par l'intervention des trois grandes puissances chrétiennes, Angleterre, France, Autriche.

IV

Tel est, en traits rapides, le tableau historique des grands événements qui, au cours des siècles, se sont accomplis dans la cité de David et dans le royaume conquis par lui sur les Jébusites. L'avenir réservera-t-il à la Palestine des destinées qui en modifieront complètement la carte et l'organisation ? Il n'est pas téméraire de le prévoir. D'une part, le mouvement sioniste, qui tend à faire rentrer les Juifs en possession de leur patrie, comme ils la nomment ; d'autre part, la visite de l'empereur allemand Guillaume II à Constantinople et son entrevue si cordiale avec Abdul-Hamid II, entrevue dans laquelle il pourrait bien avoir été question de la neutralité des Lieux Saints, laissent entrevoir un courant d'idées, d'aspirations, peut-être de négociations, qui est évidemment un signe du temps. C'est un problème qui se posera au vingtième siècle, dès ses premières années, et sans pouvoir préjuger dans quel sens il se résoudra, on n'est pas trop éloigné sans doute de la vérité en affirmant que la solution s'imposera nécessairement.

Charles Simond.

ENCEINTE DE JÉRUSALEM (ANGLE NORD-OUEST).

JÉRUSALEM (1)

I

EL KODS

Lors de mon premier voyage en Palestine, au mois d'août 1852, les abords de cette ville étaient mornes et silencieux. Je me rappelle encore, après tant d'années écoulées depuis, l'émotion profonde dont je fus pénétré, lorsque, après une marche pénible, à travers monts et vallées, par des sentiers qui n'avaient point encore été transformés en une route carrossable, j'aperçus tout à coup, derrière une ondulation de terrain et en parvenant sur un plateau rocheux parsemé d'oliviers séculaires, les trois sommets de la montagne des Oliviers, ainsi que les remparts, les tours et les coupoles de Jérusalem.

Le muletier arabe qui m'accompagnait s'écria soudain, en déchargeant son fusil ; *el Kods, el Kods!* (la Sainte, la Sainte!). Je descendis aussitôt de cheval, et, le front prosterné dans la

(1) Les pages qui suivent sont extraites de l'ouvrage intitulé *Jérusalem*, par Victor Guérin. (Plon, Nourrit et Cie.)

poussière du chemin, je restai quelques instants immobile, plongé dans une muette contemplation. J'étais donc à quelques centaines de mètres de cette ville que, dès mon enfance, j'aspirais à voir et à connaître. Tout ce que j'avais lu sur cette cité fameuse, tous les principaux événements de l'Ancien et du Nouveau Testament qui s'y étaient accomplis, tous les faits saillants dont elle avait été le théâtre à l'époque des croisades se condensaient alors dans ma mémoire, pour ne plus former qu'un seul et imposant faisceau de souvenirs, et quand je me relevai, je promenai longtemps mon regard sur les divers monuments que j'avais devant les yeux. Il me semblait entendre au fond de moi-même une voix intérieure qui me disait : « Oui, c'est bien là cette Jérusalem, telle que la vengeance divine l'a faite. N'y cherche pas la cité de David et de Salomon, lorsque, dans l'éclat de sa puissance et de sa splendeur, elle était la capitale d'un État qui s'étendait des frontières de l'Égypte jusqu'à l'Euphrate, car cette gloire s'est éclipsée pour toujours. Souvent prise et rasée, bouleversée de fond en comble, renaissant néanmoins chaque fois de ses cendres, elle porte partout la trace de la foudre qui l'a frappée. On sent qu'une malédiction terrible pèse sur cette ville déicide, et, depuis qu'elle a immolé son Sauveur, elle semble condamnée à un éternel esclavage. Regarde, en effet, cette coupole que surmonte un croissant; c'est la mosquée d'Omar qui, depuis douze siècles, s'élève avec orgueil sur l'emplacement du Temple de Salomon, dont, suivant une prophétie inéluctable, il n'est pas resté pierre sur pierre. Ces deux autres coupoles que tu aperçois plus à l'Ouest recouvrent, au contraire, un tombeau qui ne périra pas, et qui, jusqu'à la fin des temps, sera vénéré et honoré par les peuples, car le prophète Isaïe (*Isaïe*, ch. XI, v. 10) a dit de ce sépulcre : « *Sepulcrum ejus erit gloriosum* » (son sépulcre sera glorieux). Elles renferment également dans la même enceinte le Golgotha, témoin des souffrances et de la mort de l'Homme-Dieu, et qui, de même que le Saint Tombeau, recevra jusqu'à la consommation des siècles les hommages empressés des chrétiens. Que si tu t'avances un peu plus, tu vas fouler l'emplacement où ont tour à tour campé les divers conquérants qui ont attaqué Jérusalem. Au Nord, la hauteur qui est devant toi est le Scopus, d'où Alexandre le Grand allait descendre pour s'emparer de la ville, lorsque le grand-prêtre Yaddous se rendit processionnellement à sa rencontre, précédant une nombreuse foule de peuple. A la vue de ce cortège solennel et surtout du pontife vénérable coiffé de la tiare, où brillait la plaque d'or sur laquelle était gravé le nom de l'Éternel, Alexandre s'approcha seul du grand-prêtre, s'inclina profondément devant lui et pardonna à la ville, qu'il voulait d'abord subjuguer et anéantir. Plus tard, c'est sur cette même colline que Titus établit son camp, qu'il rapprocha ensuite, en occupant l'emplacement où s'étaient postés autrefois les Assyriens. Instrument inexorable des vengeances divines, ce dernier conquérant devait être sans pitié, car il avait à punir, non plus seulement des idolâtries passagères, suivies de repentirs, mais le crime irrémissible de la mort du Christ. Mille ans après Titus, les croisés ont dressé leur tentes et leurs machines de siège sur le même plateau. Depuis sept siècles bientôt, Jérusalem est retombée sous le joug des musulmans et elle continue à porter, dans l'abaissement et dans la servitude, la peine du sang divin qu'elle a répandu. »

Pendant qu'absorbé dans ces réflexions je contemplais d'un regard ému le panorama qui se déroulait devant mes yeux, tout se taisait autour de moi. Le musulman qui me servait de guide, respectant mon émotion, attendait en silence l'ordre de poursuivre la marche; une mélancolique solitude m'entourait, et je n'avais d'autres témoins des divers sentiments qui m'agitaient que ce pauvre muletier et de vieux arbres tout chargés de siècles et de souvenirs. A présent, au contraire, et je le dis avec regret, les abords de la Cité Sainte se peuplent et s'embellissent d'année en année. Le désert austère qui la précédait au nord, car de tous les autres côtés elle est environnée d'une ceinture de profondes vallées, disparaît peu à peu, et néanmoins il convenait merveilleusement et servait de vestibule naturel, par sa religieuse et lugubre tristesse, à une ville dont le plus grand intérêt consiste dans un tombeau. Ce qui frappe actuellement, avant tout, les yeux du pèlerin qui est sur le point d'arriver à Jérusalem par la route de Jaffa, ce sont de nouveaux et longs quartiers juifs, qui s'étendent chaque jour davantage, les enfants d'Israël semblant s'être donné le mot d'ordre pour affluer en Palestine et y recouvrer peu à peu, par de continuels achats de terrain, le sol sacré d'où la guerre les a chassés; ce sont aussi les immenses constructions des Russes, sorte de citadelle, à la fois politique et religieuse, bâtie aux portes de la ville, sur le seul point d'où elle a été et d'où elle puisse être attaquée, et qui se dresse comme une menace permanente du schisme et de l'empire moscovite, qui aspire plus que jamais à s'emparer des Lieux Saints; ce sont pareillement des églises, des écoles et des hôpitaux fondés par la Prusse et par l'Angleterre, témoignages visibles des efforts tentés de même par l'hérésie pour disputer au catholicisme la possession de cette contrée. Il faut néanmoins, je l'avoue, en prendre son parti, et, comme la place commence à manquer dans l'intérieur de Jérusalem et que les terrains y deviennent de plus en plus chers, force est de bâtir en dehors des portes et dans le voisinage le plus rapproché possible de la ville. C'est ainsi que le consulat de France, l'hôpital français de Saint-Louis, le monastère des Révérends Pères Dominicains, le grand établissement de Notre-Dame de France et la nouvelle école des sœurs de Saint-Joseph sont situés également sur le plateau septentrional qui précède la ville.

Mais hâtons-nous maintenant de pénétrer dans cette cité après l'avoir saluée de loin.

ENTRÉE DE JÉRUSALEM (PORTE DE JAFFA).

La position singulière de Jérusalem a été remarquée par tout le monde. Située à cinquante-quatre kilomètres environ de la Méditerranée et à trente-deux du Jourdain, elle occupe un plateau

VALLÉE DE GIHON.

Vue de l'enceinte de la ville (angle nord-ouest). — A droite est l'aqueduc provenant des vasques de Salomon.

onduleux, sillonné par plusieurs ravins et qui forme une sorte de promontoire accessible uniquement vers le Nord, seul côté par où ce plateau se prolonge; car, partout ailleurs, il est resserré entre de profondes vallées, celles du Cédron ou de Josaphat à l'Est. et celle de Ben-Hinnom à l'Ouest et au Sud. Son altitude moyenne au-dessus de la mer est de sept cent soixante-dix mètres. Éloignée de la côte, sans commerce, à la limite du partage des eaux entre la Méditerranée et le Jourdain, Jérusalem est isolée et assise sur des hauteurs que dominent d'autres collines plus élevées.

Cette position centrale dans la partie méridionale de la Palestine l'avait fait surnommer l'ombilic de la contrée. Plus tard, elle est regardée non seulement comme l'ombilic de la Judée, mais encore comme celui du monde entier. Cette opinion s'est perpétuée jusqu'à nos jours, car les Grecs montrent encore maintenant dans le chœur de leur chapelle, et au milieu même de l'église du Saint Sépulcre, le prétendu centre de la terre.

Grâce à son élévation naturelle, Jérusalem, au sein d'un pays où, pendant les trois quarts de l'année, les chaleurs se font vivement sentir dans les plaines, le long de la mer et surtout dans la profonde dépression de la longue vallée du Jourdain, jouit elle-même d'un climat très tempéré. Pendant l'hiver et à l'époque de la saison des pluies, celles-ci quelquefois se transforment en neige, et alors un blanc linceul enveloppe et recouvre la Cité Sainte, tandis qu'à quelques lieues de distance, au même jour et à la même heure, les habitants de Rha, l'antique Jéricho, ont une température qui égale celle de nos étés et peuvent impunément se baigner dans les eaux de la mer Morte et du Jourdain; mais cette neige à Jérusalem est rare et passagère, et bientôt les rayons du soleil ou les tièdes haleines du vent du Midi la dissipent et la résolvent en ruisseaux. Les hivers, en effet, sont généralement cléments à Jérusalem et n'y sont guère marqués d'ordinaire que par des pluies torrentielles qui tombent par intervalles, à la grande joie des habitants dont elles remplissent les bassins et les citernes. Le thermomètre descend très rarement à zéro. Une fois la saison des pluies passée, c'est-à-dire dès le commencement ou le milieu d'avril jusqu'au 15 octobre, le ciel est d'une pureté presque inaltérable, et une belle voûte bleue s'arrondit au-dessus de Jérusalem comme une sorte de diadème azuré. La chaleur est, sans doute, alors, assez forte, mais néanmoins elle est très supportable, sauf les jours où le vent du Sud vient à souffler. Dans ce cas, l'atmosphère est lourde et écrasante, et l'on éprouve une sorte de malaise indéfinissable qui cesse et disparaît avec ce vent embrasé, que les indigènes appellent *rhamsin* ou *simoun*. Les soirées sont délicieuses. Du haut des terrasses qui couronnent les couvents et les maisons, on peut jouir tous les jours, pendant sept à huit mois de l'année, à la fois d'une fraîcheur relative très agréable et de toute la magnificence des plus splendides couchers de soleil que l'on puisse concevoir. Si l'on se trouve placé de manière à pouvoir embrasser d'un même coup d'œil la ville entière : les hauteurs de Néby-Samonïl, de Chafath, de la montagne des Oliviers, et plus au delà, vers l'Est, la grande chaîne des montagnes transjordanes, le spectacle est vraiment incomparable. Le soleil, en inclinant à l'Occident, derrière le massif des monts de Juda, pour se plonger dans les eaux de la mer de Jaffa, illumine à l'est, de ses rayons mourants, les coupoles, les minarets et les tours de la Ville Sainte, puis les flancs et les trois sommets du mont des Oliviers; plus loin enfin, à l'Orient, au delà de la vallée du Jourdain, le faîte des montagnes d'Ammon et de Moab. Les cimes de cette chaîne, qui bornent l'horizon de ce côté, se colorent alors des reflets éblouissants d'une sorte de manteau de pourpre, auprès duquel aurait pâli celui de Salomon, bien que décoré par les plus riches teintures de Tyr et de Sidon. A mesure que le soleil baisse, les nuances plus douces et d'un rose plus tendre succèdent à ces tons embrasés; celles-ci, à leur tour, deviennent plus violacées et plus sombres; enfin, après un court crépuscule, la nuit avec ses voiles enveloppe tout de ses ombres; mais bientôt le firmament se pare et étincelle de millions d'étoiles et, selon la belle expression de l'Écriture, annonce la gloire de Dieu. Un pareil spectacle, à Jérusalem, quoique sans cesse répété pendant la plus grande partie de l'année, avec la même pompe, je ne dis pas seulement royale, mais divine, ne lasse jamais, et il faudrait être bien insensible pour n'en pas être profondément ému, surtout lorsque, dans un semblable moment, on évoque devant soi les étonnantes destinées de cette ville célèbre. Quelle religieuse mélancolie s'empare alors de l'âme tout entière, et comme la nature s'associe merveilleusement avec l'histoire pour produire sur l'observateur méditatif un effet puissant!

Mais revenons à l'espèce de promontoire qui sert d'assiette à la ville, assiette jadis excellente au point de vue de la défense, si l'on songe au peu de portée des armes de trait dans l'antiquité. Le promontoire, qui dans sa partie la plus haute atteint 800 et quelques mètres au-dessus de la Méditerranée et près de 1200 au-dessus de la mer Morte, se divise lui-même en six collines différentes : au Nord-Ouest, le mont Gareb; au Nord-Est, le mont Bézétha; à l'Ouest et au Sud-Ouest, le mont Sion; à l'Est, le mont Moriah entre ces deux dernières collines, le mont Acra, et au sud du Moriah la hauteur d'Ophel, qui n'est qu'un prolongement du Moriah.

La vallée du Tyropœon, ainsi nommée parce que, primitivement et à une époque sans doute très reculée, des pâtres y faisaient paître leurs troupeaux et y fabriquaient des fromages, d'où le nom que lui donne Josèphe, de Τυροποιῶν φάραγξ (ravin des fromagers) ; cette vallée, dis-je, traversait, dans sa partie à peu près centrale, du nord au sud, le plateau accidenté dont je parle et, commençant un peu au nord de la porte connue aujourd'hui sous le nom de porte de Damas, elle aboutissait, vers le sud, à la fontaine de Siloé, près de laquelle elle se perdait dans la grande vallée du Cédron. Vers le milieu de son développement, elle envoyait à angle droit vers l'ouest, jusqu'à la porte actuelle de Jaffa, un long rameau qui séparait le pied septentrional du mont Sion du pied méridional des monts Gareb et Acra. Ce dernier rameau a été presque entièrement comblé par suite des démolitions réitérées que la ville a subies, lors de ses destructions successives ; les ruines se sont ainsi accumulées sur les ruines, et les maisons actuelles reposent sur les débris amoncelés d'âge en âge de plusieurs couches d'habitations antérieures, tour à tour renversées et rebâties. Aussi, chaque fois que l'on veut élever une construction de quelque importance, est-on contraint d'en creuser les fondations jusqu'à une très grande profondeur, pour trouver un sol ferme qui résiste aux assises qu'il doit porter. Il en est de même de la branche principale de ce ravin qui courait entre le mont Gareb à l'ouest, et le mont Bézétha à l'est, et ensuite entre le mont Sion et le mont Moriah. Pour en retrouver le fond primitif, il faut, sur certains points, percer un amas superposé de décombres d'une épaisseur de vingt-cinq mètres.

Un autre ravin, moins considérable que le précédent, séparait le mont Moriah, au sud, du mont Bézétha, au nord ; il courait de l'ouest à l'est-sud-est, et aboutissait de ce côté au torrent du Cédron, comme l'ont démontré les fouilles du capitaine anglais Waven, en 1866. Non loin de son origine, vers l'ouest, il avait été approfondi par l'homme pour servir de fossé à la tour Antonia et la rendre plus inexpugnable ; plus loin, vers l'est, on y avait, à une époque plus reculée, creusé et bâti la grande piscine connue aujourd'hui sous le nom de Birket-Israïl ; enfin, à son extrémité orientale, il avait été remblayé pour y asseoir les fondations de l'angle nord-est de l'enceinte du Temple.

Le mont Sion, ou la ville haute des Jébusites, qui plus tard devint la Cité de David, quand ce souverain l'eut conquise, est évidemment la colline qui porte encore de nos jours le même nom, comme l'indique l'une des portes de la ville située sur cette colline, et appelée par les Arabes Bab-Sahioun (porte de Sion).

Du nord au sud, elle mesure environ sept cents mètres de long sur six cents de l'ouest à l'est. Sa plus grande élévation au-dessus de la Méditerranée est de 789 mètres. Bornée au nord par une branche peu profonde de la vallée du Tyropœon, à l'est par le ravin principal et plus profond de cette même vallée, au sud et à l'ouest par la vallée encore plus considérable de Ben-Hinnom, elle était à peu près imprenable de trois côtés, c'est-à-dire à l'est, au sud et à l'ouest, là où la branche secondaire du Tyropœon n'avait guère que quinze mètres de profondeur, comme l'ont

BASILIQUE DU SAINT-SÉPULCRE

prouvé les fouilles exécutées en cet endroit; c'est de ce côté, naturellement, et à cet angle, que les anciens Jébusites avaient dû construire leur citadelle, rebâtie ensuite par David. La citadelle actuelle, après les différentes démolitions et restaurations qu'elle a subies, est telle à peu près maintenant que l'ont laissée les derniers travaux entrepris par Soliman, l'an 1534 de notre ère. Située un peu au sud de la porte de Jaffa, que les musulmans désignaient autrefois par le nom de Bab-el-Mihrab-Daoud (porte du mihrab ou de l'oratoire de David), et qu'ils appellent d'ordinaire aujourd'hui Bab-el-Khalil (porte d'Hébron), elle forme un carré irrégulier de 130 mètres de long, du nord au sud, sur 110 de l'ouest à l'est dans sa plus grande largeur. Entourée d'un fossé, elle est flanquée de plusieurs tours rectangulaires, dont la plus importante, appelée tour de David, provoque, encore maintenant, l'admiration de tous ceux qui l'examinent. Sa partie inférieure consiste en un puissant mur d'escarpe, s'élevant en talus du fond du fossé sous un angle de quarante-cinq degrés, et muni à son sommet d'un chemin de ronde que protège un parapet garni de créneaux. Ce mur d'escarpe, sauf dans les endroits où il a été réparé, soit par les croisés, soit par les musulmans, présente aux regards un appareil très remarquable de pierres de taille parfaitememt aplanies et très lisses, afin de rendre l'escalade plus difficile. Au-dessus, s'élève verticalement un massif plein, mesurant vingt et un mètres de long sur seize mètres cinquante centimètres de large, et neuf mètres de haut. Les blocs qui le composent sont de grandes dimensions et assez grossièrement taillés en bossage; bordés chacun d'une bande lisse qu'entoure une rainure peu profonde, ils sont percés de nombreux trous carrés, qui semblent accuser d'anciennes soudures. Ce massif antique est surmonté d'un étage beaucoup plus moderne. En montant un escalier, on arrive à une grande salle avec meurtrières, dont la partie centrale est éclairée par un orifice octogone; elle est voûtée en ogive et renferme elle-même quatre chambres aux quatre points cardinaux, soutenues chacune par une arcade ogivale. Vers le sud, l'oratoire de David est indiqué par un mihrab musulman. C'est dans cet oratoire, de date musulmane, que, selon la tradition arabe, le roi aurait composé la plupart de ses psaumes, et notamment celui où il implore, avec tant de gémissements, le pardon et la miséricorde du Seigneur. De la plate-forme supérieure de cette tour et de la terrasse crénelée qui la couronne, on jouit d'un merveilleux panorama. La ville tout entière de Jérusalem est sous les yeux de l'observateur, avec sa ceinture de vallées et de collines. Au sud-est, on distingue un petit coin de la mer Morte, et à l'est, la grande chaîne des montagnes de Moab. Au sud, le regard plonge loin sur la route de Bethléhem; au nord et à l'ouest, l'horizon est également très étendu.

Cette tour de David est probablement la même qui fut reconstruite plus tard par Hérode, et à laquelle il donna le nom de Phasaël; mais, dans sa fondation première, et dans son massif plein et indestructible, comme une sorte de base inébranlable, elle peut être regardée comme l'ouvrage de David, voire même des anciens Jébusites.

A la Jérusalem primitive, soit davidique, soit plutôt peut-être jébusite, appartient également, en dehors de la ville actuelle, sur la partie du mont Sion qui n'a point été enclavée par Adrien dans l'enceinte d'Ælia Capitolina, un assez long fragment inférieur de la muraille antique, près de l'endroit où, vers le sud-ouest, la colline de Sion surplombe la vallée de Ben-Hinnom. Ce terrain est maintenant occupé par une école anglo-prussienne et par un cimetière protestant. On aperçoit d'abord en entrant une suite de gros blocs trouvés sur place et taillés en bossage, puis, sous une voûte, on remarque le commencement d'un mur taillé dans le roc même et qui, après plusieurs interruptions, se continue pendant cent soixante mètres au moins, dans la direction du sud, à travers des constructions nouvelles et des jardins dont le dernier est un cimetière. Ce sont là des restes précieux de l'ancienne enceinte qui, de ce côté, entourait la ville. On y observe plusieurs citernes contenues dans l'épaisseur des tours et des courtines et qui devaient jadis fournir de l'eau à leurs défenseurs. Ces citernes étaient revêtues intérieurement d'un ciment très puissant, entremêlé d'une quantité innombrable de débris de poterie, qui remontent sans doute à la plus haute antiquité. Au-dessus de cette vaste base monolithe, avait été bâtie la partie supérieure des courtines et des tours. Cette partie a été détruite depuis longtemps, mais le soubassement inférieur est encore debout et me paraît avoir un intérêt immense, comme étant probablement l'un des plus remarquables vestiges de l'ancienne Jébus.

Il est permis pareillement d'assigner à une époque très reculée un certain nombre d'excavations sépulcrales, utilisées sans doute plus tard par beaucoup d'autres générations successives, sur les berges de la vallée de Ben-Hinnom, et une foule de citernes et de piscines creusées dans le roc vif pour subvenir aux besoins de la ville, qui, avant la création de l'aqueduc d'Étham, dû à Salomon, n'était alimenté d'eau que par des sources naturelles tout à fait insuffisantes.

La vallée de Savé, ou la vallée du Roi, témoin de l'entrevue de Melchisédech et d'Abraham, est identique elle-même avec la vallée du Cédron ou de Josaphat, qui s'interpose à l'est entre la ville et la montagne des Oliviers. C'est dans cette vallée qu'Absalom, de son vivant, s'était érigé un cippe; car, disait-il, « je n'ai point de fils, et ce sera là un monument de mon nom », et il appela ce cippe de son nom, et l'on continue jusqu'à ce jour à l'appeler *Main d'Absalom* (ouvrage ou monument d'Absalom).

Ce monument, qui porte encore aujourd'hui le nom de ce prince, dans la vallée de Josaphat, à deux stades environ de la ville, a été

BIRKET MAMILLAH OU PISCINE SUPÉRIEURE DE GIHON.

Alentour, tombes musulmanes. — Derrière, porte de Jaffa avec la citadelle à droite et l'église anglicane à gauche.

MOSQUÉE ET ÉGLISE DE L'ASCENSION SUR LE MONT DES OLIVIERS.

souvent décrit par les pèlerins et par les archéologues. Avant de l'élever, on a commencé d'abord par tailler une plate-forme dans les flancs rocheux de la montagne des Oliviers, au bas de cette hauteur ; puis, dans cette sorte de cour isolée, on a façonné le massif rocheux qui restait debout au centre de la plate-forme en un soubassement singulier où l'on remarque l'alliance de trois ordres différents d'architecture. Cette base quadrangulaire mesure 6 mètres 85 centimètres de côté. Chacune des faces est ornée de deux colonnes ioniques et de deux demi-colonnes engagées dans deux pilastres d'antes. Au-dessus de cet ordre ionique, règne une frise dorique avec patères, triglyphes et gouttes, et qui est elle-même couronnée par une corniche égyptienne. Cette première partie du monument est entièrement monolithe, le reste est construit avec des blocs rapportés et se compose d'un dé carré en retraite que termine une corniche servant elle-même de base à un cylindre, d'où s'élève un pyramidion qu'orne à son sommet un bouquet de palmes. Dans la partie pleine du monument s'ouvre une chambre sépulcrale carrée, avec un plafond plat dont le centre est décoré d'une rosace. Un banc règne alentour; il est surmonté de trois côtés d'un arcosolium cintré et portait sans doute autrefois trois sarcophages, actuellement détruits ou absents. Devant la façade du mausolée, on remarque un amas de petites pierres projetées là par les Juifs, en haine d'Absalom, rebelle à son père.

Quant au torrent du Cédron, cité pour la première fois dans l'Ancien Testament, à l'occasion de la fuite de David devant son fils Absalom, il ne roule un peu d'eau au milieu de la vallée qu'il sillonne qu'à l'époque des grandes pluies, et son lit desséché s'est considérablement élevé par suite de l'exhaussement continu de la vallée. Des fouilles récentes ont prouvé que, pour atteindre en beaucoup d'endroits son lit primitif, il fallait creuser à une assez grande profondeur. Ce torrent est surtout à jamais célèbre pour avoir été plus tard passé et repassé par Notre-Seigneur, lorsque, de Jérusalem, il se rendait à Béthanie, ou seulement à la montagne des Oliviers et que de là il revenait à Jérusalem. La veille de sa Passion, le Christ le traversa encore à deux reprises, quand, du Cénacle, il se dirigea avec ses apôtres vers le jardin de Gethsémani et qu'ensuite il fut ramené garrotté dans la ville ; enfin, le jour de son Ascension, il le franchit pour la dernière fois, lorsque, accompagné de ses disciples, il gravit de nouveau la montagne des Oliviers, si souvent sanctifiée par sa présence, et que, parvenu sur son sommet central, il s'éleva triomphalement devant eux jusqu'au plus haut des cieux.

Aux confluents de la vallée du Cédron et de celle de Ben-Hinnom est un puits profond, appelé Bir-Ayoub (puits de Job). C'est probablement l'ancienne source de Rogel, mentionnée dans la Bible comme étant située sur la limite de la tribu de Juda et de celle de

Benjamin, près de laquelle Adonias réunit ses partisans dans un grand banquet.

Ce même puits est désigné également sous le nom de puits de Néhémie, parce que, d'après une ancienne tradition, ce serait là que les Israélites, avant d'être emmenés captifs à Babylone, auraient, selon l'ordre du prophète Jérémie, caché le feu sacré du Temple.

La profondeur du puits est d'environ 41 mètres. Il est maçonné avec de grosses pierres qui paraissent fort anciennes. L'eau, au fond, est recueillie dans une sorte de large chambre creusée dans le roc, et provient du drainage des deux vallées du Cédron et de Hinnom et de leurs dépendances. En hiver, et ordinairement au mois de janvier, quand les pluies ont été considérables et ont duré plusieurs jours, l'eau monte souvent jusqu'à l'orifice du puits et déborde même, de manière à former un ruisseau. Comme cette abondance d'eau semble présager aux indigènes une bonne récolte, ils se réunissent alors autour du Bir-Ayoub et s'y livrent à toutes les démonstrations de la joie la plus vive. A la profondeur de 37 mètres, on rencontre une première chambre, du fond et du milieu de laquelle un nouveau puits conduit à un second réservoir, celui dans lequel l'eau se rassemble actuellement, ce qui indique qu'à une certaine époque le puits commençant à tarir a été approfondi de quelques mètres.

Reste à fixer maintenant l'emplacement de la source et de la vallée de Gihon, où Salomon fut sacré roi, pendant que son frère Adonias, auprès de la source de Rogel, célébrait déjà, par avance, dans un grand festin, sa propre élévation au trône.

A 400 mètres environ de l'angle sud-est du Haram-el-Chérif, au pied de la colline d'Ophel et sur le flanc occidental de la vallée de Josaphat, coule la source dite de la Vierge, en arabe Aïn-Sitti-Mariam (source de Madame Marie).

Comme on ne parvient à cette source qu'après avoir descendu un escalier de trente-deux marches, coupé par un palier, les Arabes l'appellent également, à cause de cet escalier, Aïn-Oumon-el-Daradj (la source mère des degrés). Ses eaux sont légèrement saumâtres et intermittentes, et jusqu'à présent le mystère de leur origine n'a été découvert par personne. Sourdent-elles du sol près de l'endroit même où l'on va les puiser? ou, au contraire, proviennent-elles de plus loin et de plus haut? C'est ce que l'on ignore encore; toujours est-il que cette source, qui primitivement devait se déverser dans le torrent de Cédron, communique, au moyen d'un aqueduc souterrain entièrement creusé dans le roc, avec la piscine de Siloé, qui en est éloignée, vers le sud-ouest et à niveau un peu inférieur. Cette source me paraît devoir être identifiée avec celle de Gihon, et, dans la Bible, la vallée ainsi appelée ne peut être que la partie de la vallée du Cédron qui l'avoisinait.

II

LE TOMBEAU DES ROIS

La magnifique excavation sépulcrale des Kobour-el-Molouk (tombeaux des rois) ou des Kobour-el-Selathins (tombeaux des sultans), a depuis longtemps excité l'admiration de tous les voyageurs; elle efface, en effet, en beauté et en étendue, toutes celles que l'on connaît autour de Jérusalem.

On y descend par un escalier de vingt-six marches inégales, pratiquées dans le roc vif et coupées par plusieurs paliers. A la onzième marche, on remarque un sillon qui conduit les eaux de la partie supérieure de l'escalier dans une citerne pratiquée le long de la paroi sud. Plus bas, un sillon analogue amène les eaux de la partie inférieure de l'escalier dans une seconde citerne ouverte dans la paroi du fond. Une grande baie cintrée donne ensuite entrée dans une vaste cour taillée verticalement dans le rocher, à 7 mètres en contre-bas du sol environnant, et mesurant 28 mètres de long sur 27 de large. Dans la paroi occidentale de cette cour, qui a été déblayée complètement par M. Mauss, architecte français, aux frais de la famille Pereire, laquelle a acheté ce superbe mausolée pour en faire don à la France, a été creusé un large vestibule, aujourd'hui malheureusement très dégradé, soit par le temps, soit par les hommes, soit également par les tremblements de terre, comme semble le prouver une profonde fissure que l'on y observe. Il était autrefois soutenu dans sa partie antérieure par deux colonnes ménagées dans le roc même et actuellement brisées, à part un fragment du chapiteau de droite, et par deux pilastres faisant corps pareillement avec la paroi du roc. Une jolie guirlande de feuillages et de fruits, sculptée avec beaucoup de soin et de délicatesse, mais très mutilée, encadre la baie du vestibule et retombe en festons à droite et à gauche, Au-dessus de l'architrave règne une belle frise ornée de palmes, de couronnes, de patères, de triglyphes, et au centre, d'une grappe de raisin, emblème de la Terre Promise. Cette frise, qui a aussi beaucoup souffert, est elle-même couronnée par une élégante corniche qui s'élève presque jusqu'au sommet de la roche et atteint à peu près le niveau du plateau environnant. Après avoir franchi le seuil du vestibule, on aperçoit au fond de la paroi de gauche, au delà d'un petit bassin circulaire, une porte très basse qui se fermait, autrefois, au moyen d'un gros disque de pierre qui roulait dans une rigole pratiquée dans un couloir étroit et devait se mouvoir probablement à l'aide d'un levier.

Cette porte donne accès dans une antichambre carrée qui était

VOIE DOULOUREUSE. — ARC DE L' « ECCE HOMO ».

encombrée de terre et de pierrailles avant 1863, et où M. de Saulcy, qui la dégagea alors, recueillit une foule d'objets de l'époque romaine, de médailles antérieures au siège de Titus et d'urnes de toutes dimensions remplies d'ossements incinérés, ce qui a fait supposer à ce savant qu'il avait retrouvé là l'un des charniers dans lesquels des morts romains et juifs auraient pu être déposés pendant le siège. De cette antichambre on pénètre dans plusieurs chambres sépulcrales par trois autres baies très basses que fermaient jadis des portes en pierres, actuellement brisées ou absentes, et dont les gonds avaient été ménagés dans le bloc lui-même. Ces portes roulaient, comme l'a remarqué M. de Saulcy, de façon à être facilement mises en mouvement par une pression venue du dehors, mais, abandonnées à elles-mêmes, elles devaient, à cause de la disposition des crapaudines, retomber aussitôt, par leur propre poids, dans la feuillure où elle s'encastraient hermétiquement.

Sept chambres funéraires contenant trente et une tombes composent l'ensemble de ce monument remarquable.

Le 8 décembre 1863, j'eus la bonne fortune d'assister, avec M. de Saulcy, à la découverte qu'il fit, ce jour-là, d'une chambre basse inexplorée jusque-là. Elle contenait un sarcophage intact muni de son couvercle et placé au-dessous d'une arcade, sur une banquette. Sur le devant du sarcophage était une inscription sémitique de deux lignes. Le couvercle ayant été enlevé laissa voir un squelette bien conservé, la tête appuyée sur une sorte de coussinet ménagé dans l'épaisseur de l'auge sépulcrale évidée. C'était celui d'une femme qui s'affaissa et s'évanouit en poussière aussitôt qu'il eut vu le jour. Le sarcophage qui les renfermait est depuis une vingtaine d'années au Louvre.

III

LA BASILIQUE DU SAINT-SÉPULCRE

La chapelle de l'Apparition, d'où nous allons partir, pour visiter la basilique du Saint-Sépulcre appartient aux Latins, ainsi que celle de Sainte-Marie-Madeleine, qui la précède. Restaurée en 1882, elle est située à l'extrémité du transept septentrional. Le maître-autel y marque l'endroit où, d'après une tradition, Notre-Seigneur aurait apparu à sa sainte Mère après sa Résurrection. A droite de l'autel principal, se trouve l'autel des Reliques, ainsi nommé à cause d'un morceau considérable de la Vraie Croix qu'on y vénéra jusqu'en 1537 et qui, à cette époque, fut dérobé, dit-on, par les Arméniens non unis. A gauche, un autre autel porte le nom de la Sainte-Colonne de la Flagellation. On y conserve, en effet, une partie de la colonne à laquelle Notre-Seigneur fut attaché dans le Prétoire lors de sa cruelle flagellation. Transportée d'abord par les premiers chrétiens dans l'église du Cénacle où elle fut longtemps vénérée par les pèlerins, elle fut brisée par les mulsumans durant les dernières années que les Pères Franciscains furent en possession du Cénacle. Un tronçon considérable de cette colonne fut recueilli par ces religieux et placé par eux dans la basilique du Saint-Sépulcre. Le fragment qui est exposé, dans la chapelle de l'Apparition, à la vénération des fidèles, principalement le mercredi de la semaine Sainte, est en porphyre et a environ 75 centimètres de long. Quant à la colonne de Sainte-Praxède, que l'on visite pieusement à Rome, elle est en marbre tacheté de blanc, et, d'après une ancienne tradition, elle serait celle à laquelle Notre-Seigneur aurait été attaché dans la maison de Caïphe, la nuit du Jeudi au Vendredi Saint.

La chapelle de l'Apparition sert d'église aux religieux franciscains qui habitent le Saint-Sépulcre. De là, en nous dirigeant vers l'est, le long des *sept Arceaux de la Vierge,* et en suivant la nef septentrionale de la basilique, nous arrivons à la *Prison de Notre-Seigneur.* C'est probablement une vieille citerne voûtée, où l'on croit que le Christ a été retenu quelque temps, pendant que l'on faisait sur le Calvaire les apprêts de son supplice. Cette chapelle, divisée en trois compartiments qui communiquent ensemble, est la propriété des Grecs. On y montre, sous la table de l'autel, une pierre percée de deux trous, dans chacun desquels un pied de l'auguste Victime aurait été engagé.

Plus loin, nous passons devant la chapelle consacrée à la mémoire de *saint Longin,* de ce soldat qui perça de sa lance le côté du Sauveur et qui se convertit ensuite, à la vue des miracles qui s'opérèrent à sa mort. Elle appartient également aux Grecs. A quelques pas de là, vers le sud, la chapelle de la *Division des vêtements*, qui est entre les mains des Arméniens, indique l'endroit où les soldats, après avoir crucifié Jésus, firent quatre parts de ses vêtements et tirèrent sa tunique au sort, parce qu'elle était sans couture et d'un seul tissu.

A une faible distance au sud de cette chapelle, en contournant le chevet de l'église des Grecs, l'ancien chœur des chanoines latins, nous rencontrons un escalier de vingt-neuf marches qui nous conduit à la chapelle souterraine de *Sainte-Hélène.* Elle peut avoir 20 mètres de long sur 13 de large; deux absides la terminent vers l'orient; sa partie centrale est éclairée par une petite coupole qui repose sur quatre lourdes colonnes couronnées de chapiteaux différents et d'apparence byzantine. Cette chapelle, dont la voûte seule est de l'époque des Croisades et qui date elle-même probablement de la restauration entreprise par le moine modeste, appartient, depuis 1879, aux Arméniens; auparavant, elle était la propriété des Abyssins. Elle est dédiée à la pieuse impératrice qui aurait de là assisté aux fouilles que l'on pratiquait au pied oriental du Golgotha pour y retrouver la Croix du Sauveur.

PANORAMA DE JÉRUSALEM.

En descendant encore treize autres marches, dont quelques-unes sont très dégradées, nous parvenons à la chapelle de l'*Invention*

PORTE DE DAMAS OU BAB EL AMOUD (PORTE DE LA COLONNE). — ENTRÉE DE JÉRUSALEM VERS LE NORD.

de la Sainte Croix, oratoire très irrégulier, long d'environ 7 mètres, et que possèdent les Pères Franciscains. C'était, à l'époque de Notre-Seigneur, une ancienne citerne abandonnée, creusée dans le roc, et où l'on découvrit, en 326, les trois Croix, le titre de celle de Notre-Seigneur, les clous et l'éponge. On y remarque un autel dû à la piété et à la munificence de l'infortuné prince Maximilien d'Autriche.

Après avoir remonté ces deux escaliers, et en suivant maintenant de l'est à l'ouest la nef collatérale du sud, nous laissons à notre gauche la chapelle des *Impropères* ou des *Outrages*, ainsi appelée parce que l'on y vénère un tronçon de colonne de granit gris, haut de 50 centimètres, sur lequel on croit que Jésus était assis au Prétoire lorsqu'il fut couronné d'épines et couvert d'opprobres. Cette chapelle appartient aux Grecs, qui l'ont restaurée en 1881.

Nous arrivons ensuite au Calvaire. Si plusieurs des chapelles dont je viens de parler, justement parce qu'elles localisent d'une manière si précise certaines particularités relatives aux dernières scènes de la Passion, peuvent inspirer, sous ce rapport, quelques doutes à une critique sévère (j'en excepte, bien entendu, la chapelle de l'*Invention de la Sainte Croix*, qui paraît réunir en sa faveur des probabilités approchant de la certitude), il n'en est plus de même du Calvaire. Ici, tout atteste, tout proclame l'authencité de ce sanctuaire.

On montre dans cette chapelle, qui appartient aux Grecs, l'emplacement du tombeau de Melchisédech. C'est là aussi qu'à l'époque des croisades et près de l'entrée furent enterrés les deux premiers rois latins de Jérusalem, Godefroy de Bouillon et Baudoin Ier. Leurs tombeaux, qui avaient subsisté jusqu'en 1808, disparurent alors, détruits ou enlevés par les Grecs, quand ils rebâtirent la coupole que l'incendie de cette année-là avait dévorée. Il en fut de même des autres tombeaux des rois latins, leurs successeurs, qui avoisinaient cette chapelle, le long du chœur des Grecs.

Deux escaliers différents conduisent à la chapelle supérieure du Calvaire. Celle-ci, qui domine le sol environnant de 4 mètres 70 centimètres, repose en partie sur des voûtes artificielles. Elle se divise elle-même en deux compartiments parallèles, séparés par de larges piliers: l'un, dit du *Crucifiement*, appartient aux Latins et marque l'endroit où le Christ fut cloué sur la Croix, pendant que l'instrument de son supplice était étendu à terre ; il avoisine, vers le sud, un petit oratoire dont on est séparé par une grille, et appelé la chapelle de *Notre-Dame des Sept Douleurs*. C'est là, dit-on, où se tenait la Sainte Vierge avec saint Jean, lorsque les bourreaux attachaient Notre-Seigneur à la Croix. Cet oratoire, attenant au Calvaire et qui autrefois servait à le mettre en communication avec le dehors, est également la propriété des Latins.

Les Grecs, au contraire, possèdent le second compartiment de la chapelle du Calvaire, celui où la Croix de Notre-Seigneur fut plantée. Non loin du trou où elle fut dressée, on remarque, en soulevant une plaque et un grillage d'argent, une fente considérable qui s'est produite dans le rocher, et qui, traversant de haut en bas le Golgotha, va aboutir à l'absidiole de la chapelle inférieure d'Adam, comme je l'ai dit tout à l'heure. Cette fente est celle qu'une tradition constante et invariable attribue à la violente commotion qu'éprouva la nature entière, lorsque le Fils de Dieu, son maître et son souverain, exhala son dernier soupir.

Entre les deux chapelles du Calvaire s'élève l'autel franciscain du *Stabat* ou de la *Compassion de Notre-Dame*. C'est là, d'après la tradition, que se tenait la Sainte Vierge, debout au pied de la Croix sur laquelle expirait son divin Fils; c'est là aussi, lorsqu'il en fut descendu, qu'elle le reçut dans ses bras. Quant à l'emplacement des croix des deux larrons, il est indiqué par deux dalles noires circulaires placées à droite et à gauche du trou où fut plantée la Croix du Sauveur, à environ 2 mètres en arrière, au sud-est et au nord-est.

En redescendant du Calvaire, la procession s'arrête devant la *Pierre de l'Onction*. C'est une grande dalle rectangulaire en pierre rougeâtre, ornée à chacun des angles d'un pommeau doré, et qui recouvre l'endroit où Joseph d'Arimathie et Nicodème embaumèrent le corps de Notre-Seigneur, avant de l'ensevelir dans le tombeau. La Pierre de l'Onction appartient en commun aux Latins, aux Grecs, aux Arméniens et aux Cophtes. De nombreuses lampes suspendues au-dessus y brûlent continuellement.

Enfin, la procession termine le parcours qu'elle vient de faire de la basilique par une dernière station devant l'édicule du Saint-Sépulcre. Cet édicule, tel actuellement que l'ont refait les Grecs après l'incendie de 1808, occupe le centre de la grande rotonde. Sa forme est celle d'un oratoire allongé, carré sur le devant à l'orient et pentagone à l'occident. Sa longueur est de 8^{m},26 et sa plus grande largeur de 5^{m},47. Tout entier bâti en marbre, il est orné extérieurement de 16 pilastres. Une lourde coupole gréco-russe surmonte la chambre du Sépulcre et a remplacé le gracieux clocheton du seizième siècle, dû aux restaurations du P. Boniface de Raguse. Le vestibule, appelé *Chapelle de l'Ange*, est décoré également de pilastres et de colonnettes à l'intérieur. Long de 3^{m},45 sur une largeur de 2^{m},90, il renferme dans sa partie centrale, encastrée dans un cadre de marbre blanc, une partie de la grosse pierre qui avait été roulée devant la chambre sépulcrale pour la clore, et sur laquelle les saintes femmes virent un ange assis, lorsqu'elles vinrent elles-mêmes, le jour de la Résurrection, de grand matin, pour embaumer Jésus.

De là, par une baie cintrée, basse et étroite, creusée dans le roc, on pénètre dans la chambre sépulcrale. Celle-ci mesure 2^{m},07 de long sur 1,93 de large. Revêtue complètement de marbre blanc, tant à l'extérieur qu'à l'intérieur, elle cache sous cette enveloppe artificielle le roc nu qui la constituait auparavant, roc qui a été probablement bien entamé par suite des démolitions et des reconstructions successives que cet édicule a subies mais qui néanmoins existent encore en partie.

Le long de la paroi septentrionale de cette petite chambre s'élève, de soixante-dix-sept centimètres au-dessus du sol, le Tombeau du Christ, sorte d'auge rectangulaire, ménagée dans l'épaisseur du roc évidé et dans laquelle le corps de Notre-Seigneur avait été déposé. Elle mesure, avec le revêtement de marbre blanc qui l'enveloppe, deux mètres de long sur quatre-vingt-dix centimètres de large.

Les Pères Franciscains ont seuls le droit de célébrer chaque jour deux messes basses au Saint-Sépulcre et d'en chanter une. Les Grecs et les Arméniens non unis ne peuvent y faire qu'un office.

En face du saint édicule, vers l'est, est la grande chapelle des Grecs, qui en est séparée par une grille surmontée d'une vaste arcade : c'était, au moyen âge, le chœur des chanoines latins du Saint-Sépulcre. De même que la rotonde, elle est couronnée par une belle coupole, aujourd'hui très endommagée, ainsi que les peintures intérieures qui la décoraient. A peu de distance de l'entrée, vers l'ouest, on observe dans le pavé une rosace incrustée au milieu de laquelle un hémisphère indique le prétendu centre du monde.

A droite et à gauche, des stalles sont disposées pour les principaux dignitaires du clergé grec ; deux trônes qui se répondent sont réservés, l'un au patriarche, l'autre à un évêque. Au delà, on remarque les riches tableaux byzantins de l'Iconostase et derrière, au centre de l'abside, s'élève le maître-autel. Au fond est un trône où siège le Patriarche. Cette chapelle, qui forme la grande nef de la basilique, est environnée de murs qui la séparent des autres nefs latérales, ce qui ôte à l'édifice une grande partie de sa beauté.

A l'ouest du Saint-Sépulcre, et adhérente à l'édicule sacré, est la chapelle des Cophtes, qui contraste par son extrême pauvreté avec les chapelles plus ornées des autres rites. A une très faible distance de là, vers le nord-ouest, on traverse une chapelle appartenant aux Syriens pour entrer dans le caveau sépulcral de Joseph d'Arimathie, dont j'ai déjà parlé ailleurs (1).

IV

LES RUES ET QUARTIERS DE JÉRUSALEM

L'enceinte qui délimite actuellement la ville de Jérusalem est telle que les croisés l'avaient relevée et réparée, telle que plus tard

[1] Il y a d'autres basiliques anciennes de Jérusalem : celle de l'Ascension, sur le sommet d'une montagne ; celles de l'Assomption, de Sainte-Anne, de Saint-Etienne.

les musulmans, à différentes époques et notamment en 1534 et en 1539, l'ont restaurée. Munie de nombreuses tours et de plusieurs

BIR AYOUB (PUITS DE JOB).

bastions, elle est, en outre, protégée, le long d'une partie de sa face septentrionale, seul côté par où l'on puisse facilement attaquer la place, par un fossé creusé dans le roc qui est aujourd'hui à moitié comblé. La forme de la ville ainsi circonscrite est celle d'un carré irrégulier. Le pourtour entier des murailles, dont la hauteur est d'environ 13 mètres et l'épaisseur de 2, peut être évalué à 3,900 mètres.

Cette enceinte est percée de six portes, qui sont :

1° Au nord, la porte de Damas, ou de Naplouse, en arabe Bab-ech-Cham, ou Bab-el-Amoud (porte de la Colonne). C'est la plus belle et la mieux construite; elle a remplacé une ancienne porte dont il existe encore une arcade aux trois quarts ensevelie sous le sol. Les matériaux avec lesquels elle a été bâtie, surtout dans la partie inférieure, paraissent antiques. Au moyen âge, elle s'appelait porte Saint-Étienne, parce qu'elle avoisinait une basilique dédiée à la mémoire de ce saint et érigée par l'impératrice Eudoxie, à une faible distance en avant de cette porte;

2° Du même côté, mais à l'est, la porte d'Hérode ou Bab-ez-Zahari des musulmans. Elle a également succédé à une autre ancienne porte, appelée sans doute autrefois comme maintenant porte d'Hérode, parce qu'elle fut établie sur la troisième enceinte, fondée par Hérode Agrippa. Elle est ordinairement fermée;

3° Vers l'est, la porte appelée par les Arabes Bab-Sitti-Mariam (porte de Madame Marie), parce qu'elle conduit au tombeau de la Sainte Vierge, situé dans la vallée de Josaphat, comme nous l'avons vu plus haut. Aujourd'hui les chrétiens la désignent sous le nom de porte Saint-Étienne, par suite d'une altération qu'a subie la tradition relativement à l'endroit où ce saint a été lapidé;

4° Au sud, la porte dite en arabe Bab-el-Morharbeh (porte des Maugrabins, des Africains occidentaux). C'était l'ancienne porte Sterquiline. Située au centre de la vallée du Tyropœon, elle conduit à la piscine de Siloé;

5° Sur la même face sud, la porte appelée Bab-es-Sahioun (porte de Sion) et aussi Bab-en-Neby-Daoud (porte du prophète David) ouvre la partie méridionale du mont Sion qui n'a point été enclavée dans l'enceinte moderne et mène au Cénacle qui, d'après les musulmans, renferme le tombeau du roi David;

6° A l'ouest, enfin, est la porte de Jaffa, ainsi nommée parce que c'est la porte par laquelle entrent tous les pèlerins qui arrivent de Jaffa. On l'appelle pareillement Bab-el-Khalil (porte d'Hébron ou de l'Ami de Dieu, c'est-à-dire d'Abraham), parce qu'elle conduit à Bethléem et de là à Hébron, où repose le corps de ce patriarche.

Le long de l'enceinte de la mosquée d'Omar, qui, vers l'est et vers le sud, se confond avec la muraille de la ville, on remarque vers l'est la porte Dorée, dont il a été question précédemment, et au sud les portes dites Simple, Double, et Triple, selon qu'elles n'ont qu'une, deux ou trois baies; elles sont depuis longtemps toutes les quatre murées.

Au milieu du dédale de rues et de ruelles irrégulières qui se croisent en tout sens dans l'intérieur de la ville, on distingue trois artères principales qui la traversent d'un bout à l'autre. De la porte de Jaffa part, à l'ouest, une rue qui aboutit, vers l'est, à la porte appelée Bab-es-Silsileh (porte de la Chaîne), l'une des principales entrées du Haram-ech-Chérif. Cette rue, au moyen âge, se nommait rue de David dans sa partie supérieure ou occidentale et rue du Temple dans sa partie inférieure ou orientale. De la porte de Damas, une autre rue sillonne la cité du nord au sud, passe près de l'extrémité orientale de l'église du Saint-Sépulcre, continue à se diriger vers le sud au delà des bazars, et, fléchissant ensuite vers le sud-sud-ouest, se termine à la porte de Neby-Daoud ou de Sion. A l'époque des croisades, elle portait dans sa partie supérieure le nom de rue Saint-Étienne et plus bas celui de rue du Mont-Sion. Une troisième rue, ayant son origine à la porte Sitti-Mariam à l'est, longe le Birket-Israïl, suit vers l'ouest, en décrivant un coude, les différentes stations de la Voie Douloureuse, et aboutit, plus loin, du même côté, au couvent de Saint-Sauveur. Cette rue, dans sa partie inférieure vers l'est, s'appelait, à l'époque des croisades, rue de Josaphat; plus à l'ouest, Voie Douloureuse, et plus à l'ouest encore, rue du Saint-Sépulcre.

La ville se divise en quatre quartiers différents : au nord-ouest, le quartier des chrétiens latins et grecs, sur le mont Gareb; au sud-ouest, sur le mont Sion, le quartier arménien; au nord-est, le quartier musulman sur les monts Bézétha et Acra, et dans la vallée supérieure du Tyropœon; au sud-est, le quartier juif, qui occupe à la fois les pentes orientales de Sion et la partie basse du Tyropœon. A l'est enfin, le mont Moriah, dont l'enceinte extérieure environne toute la plate-forme de la montagne, forme un cinquième quartier à part, le quartier sacré par excellence pour les musulmans, ou le Haram-ech-Chérif (le Sanctuaire noble).

Les rues sont pour la plupart étroites et fort mal entretenues, et comme plusieurs sont en pente très rapide, les pavés désunis ou grossièrement agencés qui les recouvrent sont extrêmement glissants, au moment des grandes pluies d'hiver, qui transforment quelquefois ces ruelles inclinées en de véritables ruisseaux. Les maisons qui les bordent n'ont ordinairement, par précaution, qu'une porte basse, par où l'on ne peut entrer qu'en se courbant un peu; beaucoup d'entre elles, principalement dans le quartier musulman, ont leurs fenêtres discrètement grillées et sont munies de *moucharabiehs* ou de balcons à balustrade de bois façonné en treillis qui permettent aux personnes du dedans de voir sans être aperçues elles-mêmes du dehors. La plupart n'ont qu'un rez-de-chaussée et un premier étage, d'autres sont plus élevées; presque toutes sont couronnées par une terrasse, soit plate, soit bombée dans sa partie centrale, qui reçoit les eaux pluviales, lesquelles sont ensuite amenées par des conduits dans des citernes maçonnées ou creusées dans le roc.

Il ne faut pas s'attendre à trouver dans Jérusalem une belle et agréable ville, bien bâtie, industrieuse et commerçante. Elle ne brille, en effet, par aucun de ces avantages. Son aspect est triste, son industrie très bornée et son commerce fort peu étendu. C'est la cité des souvenirs et du passé, c'est comme la nécropole du Judaïsme, c'est par-dessus tout le tombeau du Messie, la ville des pleurs et des lamentations, la ville du Golgotha.

Victor GUÉRIN.

KASH-HADJLA (JADIS BETH-HOGLA). — RÉGION DE LA MER MORTE.

www.ingramcontent.com/pod-product-compliance
Ingram Content Group UK Ltd.
Pitfield, Milton Keynes, MK11 3LW, UK
UKHW012124240726
13965UKWH00005B/1965